AF609921

L5h
1035

RELATION

DE LA

BATAILLE DE DOURNON

17-18 JANVIER 1493 (*n. st.*)

publiée

PAR M. GIRARD.

LONS-LE-SAUNIER
IMPRIMERIE J. DECLUME

1879

PRÉFACE

La relation que nous publions ici est extraite d'un petit volume manuscrit conservé à la bibliothèque d'Arbois. Dans ce volume, écrit tout entier de la main de l'abbé Gillaboz, littérateur arboisien du dix-huitième siècle, se trouvent réunies quelques pièces de diverses provenances relatives à l'histoire de la Franche-Comté. Il est fâcheux que ce copiste n'ait pas jugé à propos de nous donner de plus amples renseignements sur les textes originaux qui lui ont passé par les mains. C'est ainsi qu'au sujet de cette *journée de Dournon*, il se contente de nous dire que le manuscrit, daté du 19 janvier 1624, lui a été confié par Monsieur de Dournon à qui il appartenait, et qu'il est signé par Estienne Maistret, docteur, Gardien du couvent Saint-François et prédicateur de la ville de Salins. Cette indication sommaire et ces qualifications accolées à une signature ne sont pas de nature à satisfaire complétement notre curiosité, et nous eussions vivement désiré en savoir davantage et sur l'œuvre et sur l'auteur. Une lecture attentive de l'espèce de dédicace qui précède notre relation et qui est adressée au Mayeur, aux échevins et au conseil de la ville de Salins nous permet en outre d'établir les points suivants. Au commencement du dix-septième siècle, l'usage existait encore à Salins de célébrer, dans une fête annuelle, le souvenir de cette fameuse journée. La cérémonie était suivie d'une prédication : en 1624, le prédicateur s'acquitta si bien de sa tâche, qu'il fut sollicité de mettre par écrit le récit qu'il avait fait en chaire, dans l'église de Saint-Jean, de la victoire de Dournon.

Enfin, en cédant à ce désir, ce même prédicateur se proposait tout à la fois de perpétuer, dans un monument durable, le souvenir d'un fait glorieux pour le pays, et de dédommager, par une sorte de compensation, les députés que la ville de Salins avait envoyés aux États de la province et que leur absence avait privés du plaisir de goûter un aussi notable morceau d'éloquence.

Nous avons encore fait sur ce document une double remarque que nous demandons à soumettre au lecteur :

Le récit des faits diffère sensiblement, et sur des points importants, de celui qu'a donné Gollut, et que, malgré ses choquantes invraisemblances, les historiens postérieurs ont généralement reproduit. La version que nous trouvons ici doit être d'autant plus admise comme vraie qu'elle est en conformité parfaite avec le texte de la légende qui accompagne la fameuse tapisserie de Saint-Anatoile. C'est le détachement de Kapler ou Chapelard qui a été engagé le premier ; les Salinois et les Arboisiens n'arrivèrent que le lendemain sur le champ de bataille et achevèrent la victoire.

Notre seconde observation est toute littéraire. Si l'auteur, dans l'hommage qu'il fait de son œuvre au Magistrat de Salins, est obscur, embarrassé et lourdement déclamatoire, il n'en coûte rien de reconnaître que la narration est claire, élégante, d'une allure facile et dégagée, et il est assurément fort remarquable qu'un écrit, portant la date de 1624 et publié à Salins, ne renferme que bien peu d'expressions qui aient vieilli et de tours qui soient hors d'usage.

GIRARD.

JOURNÉE DE DOURNON

EN FRANCHE-COMTÉ

DE L'AN 1492 (*v. st.*)

Sagitta Jonathæ nunquam rediit retrorsum, et gladius Saul non est reversus inanis. II Reg. I cap.

A très-honorés Messieurs les Mayeur capitaine, Echevins et Conseil de la ville de Salins.

Perdre de mémoire vos nobles et généreux aïeux et les laisser couler sans bruit honorable, il n'est aucun doute que ce ne soit ensevelir sous la cendre leurs pieux monuments quoique remplis de triomphe et de gloire, qui veut, que son germe donne partout à leur honneur, et que nous ayons à relever leurs armes et leurs heaumes, pour timbrer leurs mémoire et leurs valeureux exploits d'un souvenir annuel.

Cette entière et incroyable victoire, que le Franc-Comtois surnomme la journée de Dournon, invite vos mains à donner place convenable en vos archives et dépôts à son prix signalé, pour à l'occasion faire voir à la postérité, par un lustre historique, cette patriote splendeur, qui ne doit être tant soit peu inhumée, ou bien offusquée d'un oubli reprochable, puisque le bien que pour lors en reçut votre ville, voires tous le pays, est celui-là même dont nous jouissons encore et dont jouiront fortunément vos descendants neveux.

Parons les monuments de ces compatriotes fidèles d'une

pensée ineffaçable ; et comme sur la fin du siècle passé, ils ont déplacé l'ennemi pour placer la paix en nos confins, plaçant nommément en votre voisinage Dornonois leur valeur et prouèsse, vous avez à les placer semblablement parmi vous, parmi vos rangs les plus antiques et vos plus honorables souvenirs.

Vous me permettrez d'agencer succinctement les portiuncules et fragments que j'ai avec une assez exacte vigilance entassés dès quelques jours, pour m'être vu engagé d'en dresser un narré véritable, le dix-sept du présent mois en l'église de Saint-Jean, et de réduire pour obéissance et affection, que j'ai à votre corps très-honorable, en une collection assez étroite faite à la plume, ce que ma langue n'auroit pu développer pour lors entièrement au contentement de ma notable audience, ni en portionner suffisamment Messieurs vos très-honorés Députés aux Etats en leur absence.

C'est dommage, me disoit-on, que personne ne puisse nous marquer les particularités de cette signalée bataille. Et moi je dis qu'il est aisé d'aller en beau chemin et que nous pouvons de même secouer la poussière qui voudroit ternir les précieuses actions de vos aïeux.

Il est vrai qu'elles sont comme inhumées et couvertes des ténèbres du temps. Mais comme l'on ne peut faire un tel larcin à leur générosité, souffrez, Messieurs, que je rappelle leurs mémorables exploits en signalant cette valeureuse journée qui ne devroit jamais s'effacer du souvenir des Francs-Comtois du Bailliage d'Aval.

Vous aimeriez qu'en bonne compagnie on signalât vos noms, que l'on rappelât vos beaux exploits et que l'on vous rendît la louange qui vous est acquise. Agréez dès lors ce petit recueil qu'à telle occasion vous a fait et offre à votre gloire et à la leur, Messieurs et très-honorés, votre très-humble et très-obéissant et très-affectionné Religieux.

Signé à l'original : Fr. Etienne Maistret, docteur et gardien de votre couvent Saint-François et prédicateur de votre ville.

Salins, ce 19 janvier 1624.

Sur le déclin du quinzième siècle, le Comté de Bourgogne étoit réduit en continuelles alarmes ; le cliquetis des armes s'entendoit partout, Mars et Vulcain y faisoient alors leurs demeure continuelle. Pendant douze ans, aucun Bourguignon n'eût pu se jacter de demeurer tranquillement chez soi. La nation Gauloise avoit parcouru le pays. Elle occupoit les places les plus fortes, les châteaux, les bourgades, les villes, et tenoit comme à la merci tous les habitants Francs-Comtois, toujours néanmoins jaloux de rendre à leur prince naturel les devoirs de reconnaissance et de fidélité qu'ils lui ont jurés.

Marie, fille unique de Charles, devint après sa mort notre légitime souveraine. Elle avoit épousé Maximilien d'Autriche, roi des Romains, notre dernier duc. Cette princesse fut la cause indirecte de tant de remuements, fruits injustes de la malveillance de Louis onze, roi de France. Ce monarque, mécontent de cette alliance ou ayant d'autres prétextes, ne cessa de porter le feu de la guerre dans notre pays et n'épargna rien pour le ruiner de fond en comble : il porta partout la désolation et l'effroi, il anéantit nos privilèges et franchises et retint inhumainement ces possessions et antiques domaines qui appartenoient à si justes titres à cette grande et vertueuse dame, dame Marie notre légitime souveraine.

Ce prince usurpateur établit pour gouverneur général sur toute la Bourgogne Pierre Craon, chevalier, homme de faction militaire, auquel ne tarda pas de succéder Antoine Chabannes, ensuite Charles d'Amboise, enfin Jean de Baudricourt. Tous ces seigneurs s'étant distingués dans les armées étoient très-propres à tenir en servitude tous les ordres de notre province sans nulle distinction pour le clergé et la noblesse.

Baudricourt en 1492 avoit des garnisons considérables à Sainte-Anne, Montmaoux, Joux, Gy, Gray, Dole, Poligny. Il arriva dans cette dernière ville le 7 de janvier (1) où il resta dix jours, tenant en haleine ses troupes du château Grimont et de la ville, tandis qu'il se rafraichissoit pour tomber à temps sur le secours de gens et de canons qui venoient du côté de Ferrette à Salins pour l'attaque du château de Bracon.

Ce secours étoit composé de cinq cents lansquenets Ferretois accompagnant trois pièces de canon. Frédéric de Chapelard (2), allemand de qualité et de mérite, fut chargé de la part de Maximilien de la conduite de ces troupes. Ce valeureux officier ayant passé à Besançon, il y prit des gendarmes, et vint avec deux mille chevaux près de Salins, où il savoit Baudricourt; il donna la conduite du reste à ses capitaines. Arrivé la veille de Noël, il trouva Philippe Loyte, son maître d'hôtel, duquel il apprit, ainsi que de Mrs du Magistrat que la ville étoit fort incommodée du côté de Bracon.

Chapelard vit par lui-même combien le château de Bracon étoit nuisible à la ville ; il délibéra d'en chasser les ennemis et usa de toute son adresse pour y parvenir.

Il arriva le 17 de janvier dans un bel ordre et avec bien de la précaution parce qu'il savoit que l'ennemi François lui étoit supérieur en force et devoit venir à sa rencontre. Elle se fit dans un lieu qui ne peut être autrement reconnu sinon par ces mots du manuscrit latin de l'abbé

(1) 7 janvier 1493 (*n. st.*).

(2) Frédéric Kapler. C'était l'usage chez nos ancêtres de franciser les noms étrangers ; ainsi Kapler fut changé en Chapelard. (Bousson de Mairet.)

de Balerne, auteur contemporain : *juxta Villamnovam et Dornon prope Salinas circa duas leucas*, où l'on observe qu'un rocher favorisa beaucoup nos gens de pied et fut contraire à la cavalerie des ennemis, *rupem per quam iter est ad villam de Dornon insidentibus*, et plus bas : *rupi firmiter adhaerentes ne a tergo circumvenirentur.*

Baudricourt instruit de cette marche partit du matin avec six mille chevaux, aidé du marquis de Rothelin (1), maréchal de France, des sieurs de Serrée et d'Arbey, cornette et capitaine, d'onze cents fantassins, tous gens de service et de commandement, auxquels se joignit encore une partie des garnisons de Joux, de Montmaoux et de Ste-Anne. Ces fiers ennemis avoient déjà chanté victoire et comptoient nous battre avant le déjeuner.

Nos gens furent incontinent disposés en haye, la plupart couverts par un taillis. A la vue des ennemis, ils bandent leurs arbalètes, préparent leurs arcs, disposent leurs flèches. Bientôt une partie de la cavalerie ennemie fut engagée dans un détroit où une grêle de dards les inquiéta de façon qu'en peu d'heures la place fut couverte de corps morts et de chevaux abattus et perçés de coups ayant par leur chute écrasé ou estropié les gendarmes qui les montoient.

Ce qui restoit de troupes à Baudricourt ne pouvoit avancer dans un défilé qu'il voyoit servir de tombeau à ses plus vaillants soldats. Peu importe à son courage : il se présente lui-même en tête avec d'autant plus d'audace qu'il étoit accompagné du fier maréchal de Rothelin ; mais tous deux payèrent par de dangereuses blessures le prix de leur témérité et ne trouvèrent de ressources à la mort inévitable que par une honteuse retaite.

L'action fut des plus vives depuis les deux heures après midi jusqu'à la nuit avancée. Les ennemis furent la moi-

(1) Louis d'Orléans, marquis de Rothelin.

tié ou détruits ou blessés. Le cornette françois fut du nombre des morts, son étendard perdu et retrouvé parmi les corps morts. Les ennemis étoient confus d'être ainsi vaincus par les nôtres, qui n'étoient tout au plus qu'à raison d'un contre dix. Et voilà pourquoi nos braves troupes ne voulurent faire aucun quartier aux blessés ni en recevoir aucun à rançon. Les ennemis découragés se retirèrent à un village appelé Lemuy. Les ténèbres de la nuit ne nous permirent pas de profiter de leur désordre pour les accabler et leur enlever les principaux de leurs blessés. La crainte où ils étoient que le bruit de leur défaite divulgué dans votre ville n'inspirât aux bourgeois de venir les attaquer de nouveau et partager la gloire des généreux défenseurs de notre province étoit bien fondée, lorsqu'ils délibérèrent, le lendemain au matin, 18 janvier, de retourner à la charge en allant droit au champ de bataille pour tâcher de nous surprendre, de nous battre, ou du moins de réparer les pertes de la veille par l'enlèvement de nos canons.

Un second combat sembloit se préparer, lorsqu'au milieu de la nuit les garnisons ennemies logées à Sainte-Anne ayant ouï le bruit et les éclats de cette bataille, e sachant d'ailleurs que le parti de Baudricourt étoit le plus fort, crurent que nos gens alloient enfin être défaits ou taillés en pièces sans répondre. Ces garnisons, dans l'idée de s'emparer d'abord du canon et de le transporter promptement dans leur forteresse, firent une sortie tumultueuse dans le temps que nos troupes étoient un peu dispersées pour observer l'ennemi et s'opposer à ses entreprises. Nos sentinelles perdues donnèrent l'alerte et furent secourues de telle manière que nous lui enlevâmes un chariot chargé de cinquante plastrons et de quelque poudre à canon qu'il foula aux pieds pour se retirer avec précipitation et désordre.

Ces deux événements parvinrent sur le champ aux bourgeois de Salins. Messire Philippe Loyte, seigneur d'Aresche et enfant de cette ville de Salins, et vos généreux voisins d'Arbois, avertis de ce bruit et de l'entreprise des François (1), accoururent à la défense commune et partagèrent la gloire de la défaite de l'ennemi. Loyte tira trois cents hommes de Salins, partie habitants, partie de recrues. Deux cents Arboisiens, dont plusieurs étoient à cheval, se joignirent à eux et se rendirent, sur le jour, à la descente de Dornon pour y attendre de pied ferme l'ennemi, après en avoir prévenu le sieur de Chapelard qui étoit excédé de ses fatigues ainsi que ses gens.

Le 18 dudit mois de janvier 1492 (2), Jean de Baudricourt, sachant fort bien la place où il avoit été vaincu la veille, s'y transporta du matin, résolu d'y reprendre les corps morts et les blessés et de nous y battre à son tour. A peine eut-il commencé à donner sur nos avant-gardes, que le nouveau renfort, acharné à vaincre ou mourir, aidé des nôtres que la victoire de la veille avoit enhardis, le prit et ses troupes en tête et en queue, avec une telle bravoure, que, dans très peu de temps, il y en eut des milliers de taillés en pièces et le surplus défait.

Le reste fut réduit à une honteuse retraite. Sept ou huit cents s'étant ralliés furent poursuivis et battus par trois cents des nôtres qui les repoussèrent avec intrépidité jusqu'à Poligny où ce débri ennemi fut reçu de nuit. Ce qui se trouva d'égarés ou de fuyards ne mérita aucun quartier de notre détachement, qui revint, sans perte de temps, rejoindre le sieur de Chapelard au champ de bataille.

Toute l'infortune qui nous arriva, ce fut que Frédéric, son frère, homme courageux, demeura prisonnier entre les mains de l'ennemi. Nos gens ralliés, on tira le canon en

(1) Des bûcherons aperçurent Baudricourt pendant qu'il traversait la forêt d'Arbois, et l'un d'eux courut à Salins avertir Philippe Loyte.

(2) 18 janvier 1493 (*n. st.*).

réjouissance, on tria les corps et les dépouilles. Au bruit des trompettes, des tambours et de la mousqueterie, on chanta victoire ; les échos répétèrent cent fois ces deux mots de chanson :

> Messieurs Chapelard, Loyte, et vous fiers Salinois,
> Triompherez toujours aidés du brave Arbois.

Nos vainqueurs ne tardèrent pas de se retirer à Salins, où ils furent universellement accueillis et reçus au milieu des acclamations générales de tous les ordres qui, tous à l'envi, mêlèrent leurs voix à celles des soldats qui ne se lassoient pas de redire continuellement : *MM. Chapelard, Loyte*, etc. (1).

Toutes ces circonstances nous ont été conservées par les manuscrits dignes de foi du vénérable abbé de Balerne qui, pour lors, écrivoit en latin (2), d'un jour à l'autre, tous les travaux de notre fidèle Bourgogne qui, du depuis, commença de respirer en chassant les garnisons françoises pour se remettre sous la domination de ses légitimes souverains.

La bataille de Dournon déconcerta les François, ainsi que le publient les journaux dud. sieur abbé de Balerne. Ils ajoutent de plus que, pendant le jour du combat, les six églises demeurèrent assemblées avec le peuple, tandis que l'élite des bourgeois de Salins en gardoient les portes.

(1) Les Arboisiens assistèrent à la procession qui fut faite en action de grâces. La cérémonie terminée, ils reprirent le chemin de leur ville, reconduits jusqu'à la vue d'Arbois par tous les Salinois qui avaient pris part à la bataille. Avant de se séparer, ils se promirent mutuellement aide et secours dans tous les dangers dont l'une ou l'autre ville pourrait être menacée. En récompense de leur conduite, les Arboisiens furent gratifiés de sept journaux de terre, au lieu même où le combat s'était livré, et jusqu'en 1789, on leur en paya le cens, montant à 27 sols, somme devenue insignifiante plus tard, mais qui n'en était pas moins honorable. (Bousson de Mairet.)

(2) Les Mémoires de l'abbé de Balerne sont malheureusement perdus.

Pour conserver la mémoire de si beaux exploits, messieurs du Magistrat de cette ville ordonnèrent une procession générale annuellement à chaque dix-huitième janvier. Les Salinois, pendant toute l'action, avoient déposé les clefs des portes de leur ville sur le tombeau de saint Anatoile, leur glorieux patron. L'assemblée de toutes les paroisses se fit le lendemain aux Cordeliers ; la procession générale fit une station à la paroisse de Saint-Jean, où il y eut grande messe et prédication, et elle finit à Saint-Anatoile, où il y eut salut et bénédiction en actions de grâces.

Dans ces entrefaites, un soldat de la garnison allemande de Salins entretenoit une intelligence secrète avec Baudricourt ; il n'avoit rien épargné pour corrompre la fidélité de ses camarades et les mener, après leur désertion, à Poligny, où ils seroient généreusement récompensés par l'ennemi.

Ce traître fut arrêté et constitué prisonnier un vendredi 25 janvier 1492. Le lendemain, ayant été appliqué à la question, il ne confessa pas seulement sa félonie, mais qu'il avoit promis aux François de séduire cinq cents Allemands de la garnison de Salins, à chacun desquels il étoit autorisé à promettre cinq cents florins, au cas qu'ils voulussent se saisir, au temps qui seroit indiqué, des portes de la ville, barrières et châteaux, et tenir le tout ouvert pour le livrer à l'ennemi, auquel il falloit de plus se joindre pour l'aider à massacrer les habitants et brûler la ville après l'avoir pillée.

Ce scélérat reçut bientôt la peine due à ses forfaits. Il fut appliqué sur une roue par le bourreau qui, publiquement, l'éventra vif et lui arracha le cœur, dont il lui masqua les yeux, et lorsqu'il eut rendu les derniers soupirs, il le coupa en quatre quartiers qui furent jetés à la voicrie.

Le château de Bracon, bien muni de provisions de guerre et de troupes ennemies, étoit alors commandé par un Normand du nom de Henri de Maillot. Ce redoutable officier incommodoit Salins étonnamment par ses courses, invasions et brigandages. Il n'avoit donné aux habitants de cette ville, pour toute limite, que la porte du côté du faubourg de Bracon. Lorsqu'il apprit que Baudricourt,dont il étoit chéri et estimé, avoit été mis en déroute et battu, il redoubla de fureur aux triomphantes acclamations des habitants de Salins qui ne cessoient de célébrer leur victoire. Le jour que le traître Allemand fut arrêté, il écrivit une lettre aux chefs de cette ville : elle étoit teinte de sang d'un côté, et de l'autre passée sur la flamme. Jaloux de jeter l'alarme et l'effroi dans le cœur de nos habitants, il les menace tous indistinctement du fer et du feu, s'ils ne se rendent au plus tôt à discrétion.

Les bourgeois et la garnison n'étoient pas d'humeur à voir ainsi flétrir leurs lauriers et prendre l'épouvante. Ils étoient munis de canons et commandés par les fameux Chapelard et Loyte, dont la fidélité et le courage étoient à l'épreuve. Ils répondirent au commandant de Bracon qu'ils lui conseilloient de quitter au plus vite son château ou qu'ils alloient le battre en brèche, après quoi ils useroient des voies dont ils étoient eux-mêmes menacés.

Maillot, rempli de sécurité, ne fit aucune tentative jusqu'au 8 de février, selon que le rapporte Gollut, lorsqu'il parle de la bataille de Dournon. Le manuscrit cité de l'abbé de Balerne rapporte que, le lundi, quatrième jour du mois de mars suivant, cet ennemi capital de la ville et de la patrie fut tué dans le temps qu'il machinoit le plus contre elle.

Cette nouvelle confirmée annonça de plus en plus la liberté, dont l'espoir prochain dissipa toute crainte. La province retentit d'un bruit si flatteur ; Dole livrée et en proie aux ennemis se révolta contre eux et les chassa de l'enceinte de ses murs pour se remettre enfin sous l'heureuse domination de ses légitimes souverains.

La tradition, dans Salins, d'accord avec le manuscrit cité de l'abbé de Balerne et Gollut, attribue la mort du commandant de Bracon à l'adresse d'un maréchal ferrant de

Salins qui, l'ayant aperçu se promener devant la porte de son château ayant le casque en tête, la visière baissée, monté sur son cheval, pour aller observer nos mouvements, s'approcha adroitement de lui et lui décocha un coup d'arquebuse qui, l'ayant attrapé dans la visière, le culbuta de cheval, et en rapporta, sur le champ, la nouvelle heureuse à Messieurs de Salins. Aucune église ne voulut recevoir à sépulture le cadavre hideux de ce misérable qui avoit pillé le prieuré de Notre-Dame de Château, celui de Saint-Nicolas et l'hermitage de Saint-Jean.

La garnison de Bracon ne voulut pas priver des honneurs funèbres son chef intrépide ; elle tenta, à cette fin, de le porter sur des brancards à Poligny. Mais, comme nos gens battoient l'estrade pour donner sur les troupes qui l'escorteroient à Poligny, où elles avoient ordre de le faire inhumer honorablement, ils y réussirent, et se saisirent du cadavre auquel ils coupèrent la tête pour la faire voir publiquement à Salins, d'où le bruit de cette action éclatante se répandit dans toute la province.

A l'instante prière des François, il leur fut accordé un sauve-garde pour transporter à Poligny led. de Maillot et les corps morts des gens de marque tués à la bataille de Dournon. Les Allemands se sont toujours montrés des alliés fidèles, fermes et courageux dans toutes les escarmouches détaillées, mais les détours, les ruses, avertissements et valeur des gens de Salins et de leurs bons voisins de la ville d'Arbois n'ont eu de tranquillité que lorsqu'ils ont vu l'ennemi en déroute et vaincu. Les valeureux citoyens sont oubliés, leurs noms sont ensevelis dans l'oubli du temps ; quelle perte pour notre histoire !

Le célèbre Loyte se trouve seul affronter l'immortalité due à leur bravoure. Il est inhumé avec cette épitaphe dans la chapelle de Sainte-Anne aux Cordeliers de Salins :

Cy gist messire Philippe Loyte
chevalier sans reproche, jadis
maître d'hôtel de l'Empereur
Maximilien et pardessus en la
saunerie de Salins, lequel trépassa
le 25 jour de mars l'an 1511.
Dieu ait son âme. Amen.

Les ossements de ce grand homme sont le plus signalé gage que puisse avoir la ville de Salins de la journée heureuse de Dournon, parce qu'il étoit originaire de Salins ; j'ai souvent vu avec satisfaction sa vieille épée qu'il avoit à son côté lorsqu'on l'inhuma botté et éperonné qu'il étoit, à l'usage de ce qui se pratique en pareil cas.

Cette épée a huit tours de long ; elle a été autrefois surdorée d'un or très-fin ; la garde est à l'antique et de cuivre, le pommeau est rond et plat, et émaillé, la poignée de quatre tours de long est parsemée d'étoiles. L'on y observe en gravure l'image de saint Sébastien armé de deux flèches, et celle de saint Georges égorgeant de sa lance un dragon.

L'auteur de cette relation extraite sur un manuscrit daté à Salins, le 19 janvier 1624, et appartenant à Monsieur de Dournon, qui me l'a confié, finit par ce sixain :

Le fidel Salinois n'avoit point tant de dards,
Que le soldat françois arboroit d'étendards,
Quand nos chefs fortunés, de Chapelar et Loitte,
Sur les monts Dournonois, décochèrent leur fer
Pour les corps ennemis joncher et désarmer,
Donnant à Baudricourt la fuite pour retraite.

www.ingramcontent.com/pod-product-compliance
Ingram Content Group UK Ltd.
Pitfield, Milton Keynes, MK11 3LW, UK
UKHW020411250726
13967UKWH00006B/2594